AF234063

NOTICE NÉCROLOGIQUE

SUR

JEAN-AMÉDÉE

SAVOYE

LYON

IMPRIMERIE MOUGIN-RUSAND

3, rue Stella, 3

1879

NOTICE NÉCROLOGIQUE

SUR

JEAN-AMÉDÉE

SAVOYE

LYON. — IMPRIMERIE MOUGIN-RUSAND

NOTICE NÉCROLOGIQUE

SUR

JEAN-AMÉDÉE

SAVOYE

LYON

IMPRIMERIE MOUGIN-RUSAND

3, rue Stella, 3

1879

Jean-Amédée SAVOYE

NOTICE

LUE DANS LA SÉANCE DU 6 FÉVRIER 1879

I

E confrère que nous regrettons n'était pas seulement un architecte distingué, son nom est lié aux transformations de notre ville et doit être conservé au même titre, sinon au même rang, que ceux de Morand et de Perrache.

Jean-Amédée Savoye, né le 1ᵉʳ juillet 1804, mort le 19 avril 1878, est un exemple marqué de la force de la vocation. Doué de facultés variées et s'équilibrant respectivement, il avait cependant, pour appliquer l'expression de M. Taine, sa faculté maîtresse. La sienne était le sens inné de la construction et des affaires qui s'y rattachent. Sa famille, en effet, ne le destinait point à l'architecture, dont il n'embrassa la carrière que tard. Son père, marchand de

6

soie à Lyon, possédait des ateliers de moulinage à Saint-
Paul-en-Jarrest, près de Saint-Chamond. Sa mère, née
David, sortait d'une famille de robe. Grand-père et bisaïeul
maternels appartenaient au bailliage de Montbrison.

Ses études finies, destiné à suivre la profession de son
père, on l'avait placé chez un marchand de soie. Il n'était
pas né pour un régime sédentaire, et sa santé en fut alté-
rée. La famille possédait une propriété à Pont-de-Chérui,
où se trouvait une papeterie. On jugea que l'air de la campagne lui serait profitable et il fut chargé de diriger l'établissement, où l'on commençait à employer les premières
machines qui ont substitué le papier dit *sans fin* à l'ancien
papier à la forme.

Là, il recherchait toutes les occasions de satisfaire son
goût pour les études qui ont trait à l'art de bâtir. Finale-
ment, il décida d'abandonner la carrière industrielle et de
suivre sa vocation pour l'architecture. Bien que beaucoup
plus âgé que la plupart de ses camarades, il entra courageu-
sement à l'école de Saint-Pierre, et y fit ses études sous la
direction du cher et vénéré maître qui est aujourd'hui
notre président honoraire à vie, M. Chenavard. Entré
bientôt dans le cabinet de celui-ci, il put y suivre tous les
travaux du Grand-Théâtre que construisait alors cet émi-
nent architecte.

Mais Savoye tint à compléter ses études par un séjour à
Paris, et il quitta Lyon le 28 décembre 1831 pour entrer,
le 10 janvier suivant, à l'atelier de M. Debret, membre de
l'Institut. Il avait alors près de 27 ans.

Quoique d'une constitution robuste, d'un tempérament
fougueux, il n'était point homme à se laisser détourner par
les plaisirs et la dissipation. Il venait pour étudier, non
pour être étudiant. C'était un esprit net, réglé, avec des
habitudes d'ordre. J'ai eu sous la main le registre de ses

dépenses de jeune homme. Sur le folio de gauche sont ins-
crites les sommes reçues de ses parents, avec un court ré-
sumé, à leur date, de toutes les lettres qu'il reçoit ou qu'il
écrit. Sur le folio de droite, ses dépenses. Elles sont modestes, et la vue de ces chiffres exciterait le sourire chez la
plupart de nos jeunes gens d'aujourd'hui. J'y vois ordinai-
rement inscrits 0,60 pour le déjeuner, et 1 fr. ou 1,05 pour
le dîner. Pas l'ombre d'une dépense de café, mais le spec-
tacle était un de ses grands plaisirs, ayant toujours eu un
goût prononcé pour la musique. Ses dépenses de théâtre
d'ailleurs n'étaient point folles. C'est la modique somme
d'un franc qui, à chaque fois, représente sur son registre,
cette innocente distraction. Vingt années plus tard, lorsque
celui qui écrit cette notice était son employé, Savoye ne
manquait guère à le renvoyer le soir avant l'heure régle-
mentaire, toutes les fois qu'il se jouait quelque bel opéra
de l'école italienne, afin que le jeune homme ne fût pas
privé du plaisir qu'il avait goûté à son âge.

On pardonnera la mention de tous ces petits détails.
Mieux que des choses plus importantes, souvent, ils aident
à faire connaître l'homme. Il ne sera donc pas sans intérêt
de remarquer que la modération de ses dépenses n'était
point parcimonie, car je lis sur le folio droit du carnet une
foule de petits prêts à des camarades, dont, hélas ! je vois
rarement le recouvrement sur le folio gauche.

Parmi ses compagnons et amis d'atelier, il en est un qui
est à mentionner : c'était Piel ; esprit vif, extrême, qui fut
l'un des premiers enthousiastes de ce que l'on appelait alors
l'architecture gothique, et qui écrivit des pages passion-
nées sur ce sujet. Il abandonna bientôt son art pour devenir
l'un des premiers disciples de Lacordaire, lorsque le grand
orateur voulut rétablir en France l'ordre de Saint-Domi-
nique. Piel mourut peu après avoir pris le froc de novice,

au couvent de Bosco, en Piémont, le 19 décembre 1841. Il avait trente ans.

Savoye poursuivait ses études à l'atelier Debret, lorsque survint le terrible choléra de 1832. Il dut partir et ne put retourner à Paris que le 1ᵉʳ janvier 1833. Il y resta jusqu'au 28 septembre de la même année, qu'il revint à Lyon pour exercer la profession d'architecte.

II

Pour un architecte, les commencements sont toujours un peu malaisés. A son retour à Lyon, Savoye, qui avait du goût pour les études mathématiques et s'y était fortifié à Paris, travailla sous la direction du célèbre Seguin au projet du pont suspendu qui a longtemps porté le nom de ce dernier, et dont on a eu le tort de changer la dénomination primitive.

Mais il se présenta bientôt pour lui l'occasion d'un travail très-important. Il eut à bâtir à Saint-Étienne la maison Colcombet, cette immense maison qui fait face à l'Hôtel-de-Ville, sur la place de ce nom. Bientôt après il construisit pour l'abbé Lassalle le vaste établissement de Saint-Alban. L'abbé Lassalle avait été l'un des fondateurs de l'Institution renommée, dite d'Oullins, mais il venait de se séparer de ses collaborateurs, et Oullins était demeuré sous la direction de l'abbé Dauphin, depuis devenu chanoine de Saint-Denis.

L'établissement d'éducation de l'abbé Lassalle fut prospère pendant quelques années. La maison est aujourd'hui occupée par un orphelinat.

Un peu plus tard, Savoye reconstruisit pour M. Ernest

Neyron le château de Longiron, situé entre Saint-Chamond et Saint-Étienne; il bâtit aussi le passage Goiran, sur le cours Perrache; une caserne fut installée dans ces bâtiments, démolis depuis pour laisser place au viaduc du chemin de fer; il travailla à la restauration de la maison Périsse, aux Étroits, et exécuta divers travaux de moindre importance.

Dans toutes ces circonstances il fut servi par une rare intelligence de la construction et un sens exact de l'adaptation de l'édifice aux besoins de sa destination. Il n'eut pas l'occasion de faire des travaux importants d'une nature particulièrement artistique. Ce n'est point qu'il fût étranger à cette partie de son art, tant s'en faut. J'ai déjà eu l'occasion de dire qu'il avait un ensemble de facultés qui s'équilibraient et se complétaient. Il avait puisé d'ailleurs dans ses études classiques des connaissances solides, et nous nous rappelons tous que, dans les jugements de concours, il était un critique sûr et excellent.

Il sera permis de relater, à propos d'œuvres artistiques, une circonstance où Savoye garda l'anonyme, mais le temps, qui a emporté les hommes, rend aujourd'hui l'indiscrétion sans conséquence. Il n'est aucun de nous qui n'ait souvent remarqué les deux arcs de la passerelle du Collége, qui, par la pureté, l'élégance, les heureuses proportions, font un tel contraste avec la plupart des travaux de ce genre. C'était Savoye qui en était l'auteur et, dans plus d'une circonstance de même nature, il fit ainsi des études pour lesquelles on avait fait appel à sa discrétion. Rappelons en passant un fait analogue qui a été ignoré ou qu'on a négligé de mentionner dans la biographie de René Dardel. Les dessins de la porte fortifiée de Saint-Just, qui a si grand air dans ses proportions réduites, sont de l'architecte du Palais du Commerce.

III

Mais le moment vint où Savoye put enfin montrer pleinement sa valeur, dans une conception d'une rare audace. Il s'agit du percement de la rue Centrale.

On peut dire que c'est de notre confrère que datent non-seulement les premières améliorations importantes de notre ville dans ce siècle, mais encore toutes celles de même nature qui ont été réalisées ailleurs, une fois la voie ouverte.

La première pensée de la rue Centrale n'appartient pas à Savoye, car on en trouve le tracé exactement indiqué dans le vaste plan dressé par Morand, vers 1775. Pour parler plus exactement, Savoye se rencontra avec Morand, car il ne connaissait certainement pas le plan de celui-ci, lorsqu'il conçut l'entreprise hardie de ce percement, dont il fit seul toutes les études. Il s'associa ensuite pour l'exécution avec M. Poncet.

Cette entreprise était la première de ce genre, non pas seulement à Lyon, mais en France (1). Que l'on songe à l'audace, à l'esprit d'innovation en même temps qu'à la sûreté de vues qu'il fallait pour tenter, presque au lendemain de la promulgation de la loi de 1841 sur l'expropriation en matière d'utilité publique, d'appliquer *dans une ville, au travers de propriétés bâties*, une loi qui avait été conçue exclusivement pour la création des chemins de fer et,

(1) Il faut cependant mentionner, avant l'entreprise de la rue Centrale, celle de la rue de la Préfecture, qui, accomplie dans des conditions encore plus difficiles, puisque même la loi du 3 mars n'existait pas et qu'aucune expropriation forcée n'était possible, fut loin d'être heureuse.

accessoirement, pour celle des routes et canaux. On ne se rend pas assez compte de ces difficultés, aujourd'hui que le second empire nous a accoutumé à considérer le percement des rues Impériales comme la tâche quotidienne de la plus humble administration.

La loi de 1841 n'autorisait en effet que l'*expropriation du sol nécessaire à la voie publique*, laissant aux propriétaires la faculté de conserver les rives. Toute pensée de spéculation directe sur les terrains riverains (c'est-à-dire le seul bénéfice possible de l'entreprise) était donc interdite. Les expropriants de la rue n'avaient d'autres ressources que leur éloquence pour persuader aux riverains de leur céder le terrain à des conditions qui ne fussent pas trop onéreuses. Passé les ressources aléatoires de cette éloquence, ils n'avaient plus que la subvention payée par la ville et qui, pour la rue Centrale, fut de 525 francs par mètre carré de terrain cédé pour la voie projetée, et de 500 francs par mètre carré de terrain cédé pour l'élargissement des rues Basse-Grenette, Tupin, Ferrandière et Thomassin, dans une longueur de 15 mètres de chaque côté de la voie à ouvrir.

Ce fut le 17 mars 1846 (1) que Poncet et Savoye signèrent avec M. Clément Reyre, alors maire de Lyon, le traité au bout duquel était leur ruine s'ils ne voyaient juste, et même voyant juste, s'il survenait quelque événement politique imprévu. On sait que cet événement se présenta bientôt, le 24 février 1848. Il eût infailliblement entraîné un désastre pour les hardis entrepreneurs s'ils n'eussent déjà revendu les terrains qu'ils avaient décidé les riverains à leur céder. Dès la fin de 1847 la rue était déjà percée et presque entièrement construite.

(1) L'ordonnance royale portant approbation du traité, est du 6 décembre 1846.

Il n'est pas sans intérêt de remarquer que Poncet et Savoye firent leur œuvre *livrés à leurs seules ressources*, car on n'avait pas alors comme aujourd'hui l'habitude des compagnies financières. Il est probable d'ailleurs qu'à ce moment on n'eût pas trouvé de capitalistes : on eût considéré les fonds comme trop aventurés. Pareil fait ne s'est pas renouvelé depuis lors.

Le traité s'appliquait à deux portions de la rue. La première était désignée dans les termes suivants :

« Une rue nouvelle, de 12 mètres de largeur, à ouvrir
« de la rue Basse-Grenette jusqu'à la place de la Préfec-
« ture à travers les constructions existant sur tout ce tra-
« jet. »

La seconde portion était ainsi désignée :

« Une rue communiquant de la rue Saint-Côme à la
« place Saint-Nizier, qui aboutit elle-même à la rue Basse-
« Grenette par la rue Trois-Carreaux. »

On conçoit que l'ouverture de la première portion de la rue n'eût réalisé que très-incomplètement l'amélioration désirée par la ville, et n'eût satisfait que très-incomplètement aussi aux intérêts de l'entreprise. Cependant Poncet et Savoye ne voulurent pas se charger du lourd fardeau des deux percements ; mais par le traité du 17 mars 1846, la ville prenait l'engagement d'effectuer, dans un délai d'un an, à partir de la date du procès-verbal de réception de la rue Centrale, la seconde percée de la rue Saint-Côme à la place Saint-Nizier.

Par un deuxième traité à la date du 18 janvier 1847, ce nouveau percement fut dévolu aux mêmes entrepreneurs.

Toutefois M. Poncet ayant désiré poursuivre seul cette affaire, il proposa à Savoye une indemnité pour qu'il se retirât. Celui-ci accepta, et l'évènement a prouvé qu'il avait vu juste, cette seconde partie de l'entreprise n'ayant pas donné les mêmes résultats que la première (1).

Pour faire apprécier les difficultés qu'eurent à vaincre MM. Poncet et Savoye, on pardonnera d'entrer dans quelques détails.

Le percement de la rue Centrale devait paraître au début plus fructueux pour les propriétaires expropriés, et souvent pour les locataires, que pour les entrepreneurs. En voici un exemple : Pour l'une des maisons situées entre la rue Tupin et la rue Grenette et qui produisait un revenu de 3600 francs, l'expropriation n'eut à prendre exactement que l'épaisseur du mur mitoyen oriental, ce qui produisit quelques mètres de surface, pour chacun desquels Poncet et Savoye recevaient de la ville, comme on l'a vu, une somme de 525 francs. Il fallut, naturellement, payer à beaux deniers comptant le propriétaire obligé de démolir. Quant aux locataires, le chiffre des indemnités dépassa 20,000 francs ! On voit dans quelles conditions devait parfois s'exécuter l'entreprise. Mais le plus beau fut que le propriétaire, gardant le surplus de sa maison, c'est-à-dire la presque totalité, vendit ce surplus environ 200,000 francs !

Ainsi, lorsque MM. Poncet et Savoye, substitués aux droits de la ville, entreprenaient d'appliquer la loi de 1841 au percement de la rue Centrale, ils subissaient cette situation singulière de donner gratis une plus-value énorme aux parcelles riveraines que le propriétaire pouvait conserver (la loi ne permettant pas de l'en exproprier) en exécutant à

(1) L'ordonnance royale approuvant le 2ᵉ traité est du 21 février 1848. L'enquête pour l'expropriation fut ouverte le 16 mars suivant.

grands frais une voie publique sur laquelle ces propriétaires, de plein droit, venaient prendre issue et jour.

La loi de 1841, en effet, n'autorisait pas de soulte à payer en retour par les riverains. On avait songé, il est vrai, à s'armer des dispositions de l'article 19 de la loi du 16 septembre 1807, relative au dessèchement des marais, qui stipule que le montant de la plus-value obtenue par les terrains desséchés sera divisée entre le propriétaire et le concessionnaire, dans les proportions qui auront été fixées par l'acte de concession. Le traité du 17 mars 1846 abandonnait à MM. Poncet et Savoye « l'indemnité qui pourrait être due par les propriétaires, tant de la rue nouvelle et rues adjacentes que des rues Basse-Grenette et Trois-Carreaux, lors même que cette plus-value serait prétendue résulter de l'ouverture de la rue Saint-Côme à la place de Saint-Nizier. »

Les entrepreneurs ne devaient compter et ne comptaient que médiocrement sur cette ressource fort éventuelle, bien que le paiement, dans une certaine mesure, d'une plus-value par les propriétaires favorisés eût été, en équité, tout-à-fait légitime. L'assimilation du percement d'une voie publique au dessèchement d'un marais eût été d'ailleurs, il faut l'avouer, bien un peu tirée par les cheveux. Les concessionnaires de la rue Centrale attendirent donc, avant de rien entamer, l'issue d'une instance de ce genre, commencée à propos de l'ouverture d'une portion de la rue Bourbon, et dans laquelle M. Benoit, notre regretté confrère, avait la charge importante d'estimer les plus-values acquises. Si l'affaire fut jugée, je l'ignore, mais MM. Poncet et Savoye renoncèrent à toute poursuite de ce genre, et aucune recherche n'a été faite depuis dans des affaires de même nature, bien que pour plus d'un, comme par exemple pour les propriétaires de la rue de la Belle Cordière lors du percement de la rue Impériale, l'amélioration réalisée ait été l'occasion d'une véritable fortune.

Après cela, on va se demander comment firent les expropriants pour se tirer d'affaire, s'ils rencontrèrent toujours des circonstances comme celle de la maison tout à l'heure? Le côté remarquable de leur spéculation, c'est que précisément ils avaient compté avec raison sur l'esprit naturellement craintif, ennemi de l'innovation, de nos compatriotes d'alors. Comme presque tous les propriétaires entamés étaient parfaitement convaincus que l'entreprise était mauvaise, absurde, vouée à l'insuccès, ils n'osèrent pas courir le risque de rebâtir pour leur compte. Ils revendirent, cher, mais ils vendirent, cela suffisait (1).

L'expérience de la rue Centrale avait suffisamment démontré l'imperfection de la loi de 1841, pour son application dans les villes. Malgré cela, comme on redoutait tout ce qui aurait pu sembler porter la moindre atteinte à la propriété privée, la loi ne fut pas modifiée tout de suite, et

(1) Si d'ailleurs la loi n'obligeait pas le propriétaire bénéficiant au paiement d'une plus-value, elle admettait cependant contre le propriétaire entamé la compensation de la plus-value acquise par le délaissé, en échange *d'une partie* de la valeur de la parcelle expropriée (art. 51). Cette faculté, si légitime, profita dans une certaine mesure aux expropriants, et donna lieu à certaine histoire comique, devenue légendaire à Lyon, et qu'on me pardonnera de rappeler ici, puisque notre collègue en fut l'occasion. La plus-value acquise dans une circonstance par le délaissé était tellement évidente et énorme, que le jury se contenta d'allouer *cinq francs* d'indemnité au ou plutôt à *la* propriétaire expropriée. Celle-ci en conserva toute sa vie une rancune à la Corse contre les auteurs de l'entreprise, et encore plus contre le maire, son promoteur. La légende veut qu'en signe de dérision amère, l'écu ait été cloué sur la porte d'allée de la maison rebâtie avec luxe. Mais la légende poétise tout. La vérité vraie est que nous l'avons vu, l'écu, enfoui précieusement dans un carton, et destiné à passer à la postérité, orné des inscriptions les les plus vengeresses que puisse inventer la fertile imagination féminine.

c'est grâce à ses lacunes que l'on peut voir encore une maison inachevée sur la rue Centrale et dont la façade est formées de misérables échoppes en bois. C'est par les mêmes raisons que l'on a pu voir aussi jusqu'à ces dernières années, à l'angle nord-est du carrefour formé par l'intersection de la Grande-rue Longue et de la Petite-rue Longue (aujourd'hui rue Pléney) une baraque, un *placard*, comme nous disons pittoresquement à Lyon. Au rez-de-chaussée du *placard* se trouvait un marchand d'objets en zinc. Le terrain de cette baraque fut acheté, il y a neuf ans, avec la maison contiguë sur la rue Longue, par un entrepreneur qui a rebâti le tout sur d'assez belles proportions.

Cependant, sous l'Assemblée législative, le représentant Martin Nadaud, qui, comme on sait, était maçon de son métier, proposa un projet de loi pour autoriser l'expropriation *totale* des parcelles entamées par la voie publique. La proposition fut jugée socialiste, et repoussée par le ministère du prince Louis-Bonaparte de concert avec la majorité de l'Assemblée. Il est vrai que quelques mois plus tard, à la date du 26 mars 1852, le même Président établissait, par simple décret et presque dans les mêmes termes que la proposition Nadaud, l'innovation qu'il venait de repousser. Toutefois, pour ne pas paraître heurter trop de front le principe de l'intégrité de la propriété privée, on accorde seulement « à l'administration la faculté de comprendre la « totalité des immeubles atteints, lorsqu'elle jugera que les « parties restantes ne sont pas d'une étendue ou d'une « forme qui permette d'y élever des constructions salubres. » Cette interprétation élastique abandonnée à l'administration permettait désormais d'accomplir tous les percements sans obstacles.

En rendant ce décret, le Prince-Président n'avait en vue que les embellissements projetés pour Paris, mais bientôt chaque ville ayant voulu suivre l'exemple de la capitale, il fut appliqué successivement à toutes. C'est ce qui a permis d'accomplir les percements de la rue Impériale, de la rue de l'Impératrice, de l'avenue de l'Archevêché, etc., dans des conditions incomparablement plus favorables que celui de la rue Centrale.

Dans la construction de la maison que Savoye avait bâtie pour lui, et qui forme la nouvelle entrée de la galerie de l'Argue, sur la rue Centrale, il avait laissé la place d'une inscription commémorative de la création de cette rue. Soit modestie, soit négligence, il ne l'a jamais fait graver. Sa famille tiendra sans doute à honneur d'accomplir son dessein primitif, et de conserver ainsi le souvenir de cette œuvre, importante en elle-même et plus encore dans ses conséquences.

IV

Après l'exécution de la rue Centrale, Savoye se retira des grandes affaires (1). Cependant en 1853, sollicité de se mettre à la tête d'une compagnie pour le percement de la rue Impériale, il en fit toutes les études, mais les pourparlers avec l'administration n'ayant pas abouti, ce fut encore M. Poncet, qui, comme on sait, exécuta cette opération, mine d'or pour les actionnaires.

Les principaux travaux de Savoye, depuis cette époque,

(1) Il profita de ses loisirs pour faire, dans le premier semestre de 1852, un voyage en Italie d'où il rapporta beaucoup de notes et de croquis.

ont été la maison Offant-Boisson-Descombes, à l'angle de
la rue Longue et de la rue de l'Impératrice; le petit hôtel
où sont les bureaux de la compagnie du Gaz, dans la rue
de Savoie ; la reconstruction du château de M. Rival, à
Civrieux-en-Dombes ; la maison de campagne de M. Des-
cours, à Écully ; le château de M. Gustave Thiollière, à
Villette-d'Anthon, dans le canton de Meyzieu ; les églises
de Saugnieu, de Janneyriat et du Colombier, dans le dé-
partement de l'Isère ; le château du Colombier pour M. de
Leusse ; la chapelle des Dames de l'Adoration perpétuelle
à la Croix-Rousse, etc., etc.

Il s'était marié tard (1) avec une charmante jeune per-
sonne, qu'il eut le malheur de perdre après quelques années seulement de mariage. Elle mourut en suite de couches
le 23 janvier 1860. Ce fut un coup terrible dans la vie de
Savoye, et nous le connûmes longtemps comme désespéré.
Il nous souvient de la peine et des efforts persévérants qu'il
fallut faire pour le décider à accepter de se laisser porter
candidat à la Présidence de la Société d'architecture, à laquelle l'appelaient si naturellement ses talents et l'autorité
de son nom. Il fut élu la première fois pour les années
1861 et 1862, une seconde fois pour les années 1865 et
1866 et une troisième pour les années 1869 et 1870. Il
avait été reçu membre de la Société le 4 décembre 1841,
élu secrétaire en 1847 et en 1851, et vice-président en 1854.

Sa femme heureusement lui avait laissé un fils, sur le-
quel il reporta toutes ses affections et qui fut la joie de son
âge mûr et de sa vieillesse.

Depuis un certain nombre d'années, il n'avait pas de travaux importants, mais il a fait une quantité prodigieuse
d'expertises, où sa pratique des affaires, son expérience con-

(1) Le 14 juin 1855.

sommée, son esprit lucide et ordonné, sa rédaction claire et concise, lui assuraient une haute autorité. On peut dire que, dans la dernière époque de sa vie, la moitié des expertises ordonnées par le Tribunal civil passaient par ses mains. Il avait le goût de ces questions, et se livrait avec une sorte de feu à un travail en apparence si aride. D'une santé de fer, bâti en colosse, il a travaillé ainsi jusqu'à son dernier jour, à soixante-quatorze ans, alternant le travail de sa profession avec les soins donnés à sa propriété de Pont-de-Chérui, patrimoine qui lui était cher.

Les expertises lui ont souvent fourni l'occasion d'appliquer sa rare habileté de constructeur. Il était sous ce rapport d'une sûreté de jugement, d'une hardiesse dans les moyens, qui lui font une place à part. Il aimait à se prendre corps à corps avec les difficultés et les dangers. Les sous-œuvre, les tours de force, les bâtiments à suspendre en l'air, exerçaient sur lui une sorte d'attraction. C'est ainsi qu'il entreprit de refaire en sous-œuvre, en changeant le sens des berceaux, les voûtes des caves sous l'immense salle de la brasserie Georges, lesquelles voûtes renversaient les murs ; il entreprit de les refaire sans que la foule énorme des buveurs qui hantaient l'établissement s'en doutât même un seul jour. A force d'audace, de soins, d'ingéniosité, d'assiduité dans la surveillance, il parvint à son but sans le moindre accident, mais, en voyant depuis à chaque instant, avec la jurisprudence qui tend à s'établir, la gravité pour l'architecte des conséquences du cas fortuit que n'ont pu conjurer même la science et l'activité, il m'a souvent confié qu'il eût été plus sage de moins chercher l'intérêt du propriétaire, de fermer la salle pendant le temps nécessaire, et d'exécuter ensuite paisiblement les voûtes à plein air, comme le pourrait faire un bon maçon.

Savoye avait la faculté si précieuse partout, mais surtout

si précieuse pour l'architecte, et qu'apprécient si vivement ceux qui en sont dépourvus, la faculté du commandement. « C'est le propre office du commandement qui découvre ce que l'homme a dans le jabot, » dit un peu trivialement, mais fort justement un vieil auteur. Savoye inspirait à tous ses subalternes cette confiance absolue que l'ouvrier n'accorde jamais qu'à celui dont ils sent nettement la haute supériorité, comme le cheval n'obéit qu'au cavalier dont il sent la maîtrise.

V

Comprend-on qu'un homme d'une telle valeur, dont les conseils en matière de questions de voirie, eussent été inappréciables, n'ait jamais fait partie d'aucune des assemblées ou des commissions municipales qui se sont succédé à Lyon. Sans s'écarter sur un domaine qui n'est pas le nôtre, il faut avouer qu'un état social est assez singulièrement constitué, où l'on voit figurer dans les conseils électifs tant de personnes sans l'ombre de notoriété, aux connaissances les plus restreintes, et d'où les gens comme Savoye sont absents. Il ne prit part aux affaires administratives, où il excellait, qu'en qualité de membre du Conseil départemental des Bâtiments civils, dont il faisait partie depuis 1867 ou 1868 environ (1), et dans les modestes fonctions d'adjoint de la commune récemment instituée de Pont-de-Chérui.

Il n'est pas moins extraordinaire que l'homme qui avait

(1) Il fut maintenu lorsque ce Conseil fut reconstitué par arrêté préfectoral du 28 août 1872.

conçu et exécuté l'entreprise de la rue Centrale, et qui avait été deux fois président de la Société d'architecture, n'ait jamais reçu la décoration.

Dans la vie privée, Savoye était plein de feu, d'esprit, de bonne humeur et d'amabilité. Sa conversation abondait en saillies, en mots justes, en traits piquants, en vues variées. Esprit net, ferme; caractère franc, carré, prenant le taureau par les cornes; il avait en horreur le cauteleux, le doucereux, les petits moyens détournés, les fausses courtoisies. Pour le surplus, esprit curieux, observateur, remarquant et classant dans sa tête une foule de choses à côté desquelles les autres passaient sans les voir.

Bien que fort entier dans ses opinions, et d'une vivacité de tempérament telle que nous le vîmes un jour abandonner brusquement le fauteuil de la présidence d'une réunion industrielle, en face de quelques contradictions qui lui paraissaient trop sentir son avocat, il réunissait beaucoup de sympathies, surtout parmi ses confrères qui, mieux que d'autres, pouvaient l'apprécier à sa vraie valeur. S'il a laissé des regrets à Lyon, il n'en a pas laissé moins à Pont-de-Chérui qui était un peu son œuvre, et où il soulageait discrètement par des bons de pain, des secours en grains, en bois de chauffage et en argent, beaucoup de misères.

CLAIR TISSEUR.

www.ingramcontent.com/pod-product-compliance
Lightning Source LLC
La Vergne TN
LVHW021808060726
842528LV00003B/1211